HUMILDADE: PRECISA-SE

HUGO DE AZEVEDO

HUMILDADE: PRECISA-SE

2ª edição

São Paulo
2022

Copyright © Quadrante Editora, 2022

Capa
Gabriela Haeitmann

Dados Internacionais de Catalogação na Publicação (CIP)

Azevedo, Hugo de
   Humildade: precisa-se / Hugo de Azevedo. – 2ª edição – São Paulo : Quadrante, 2022.
   ISBN: 978-85-54991-65-4

   1. Humildade - Aspectos religiosos - Cristianismo 2. Vida cristã I. Título

CDD-248.4

Índice para catálogo sistemático:
1. Humildade : Vida cristã 248.4

Todos os direitos reservados a
QUADRANTE EDITORA
Rua Bernardo da Veiga, 47 - Tel.: 3873-2270
CEP 01252-020 - São Paulo - SP
www.quadrante.com.br / atendimento@quadrante.com.br

Sumário

Introdução, 7

1. A urgência social da humildade, 9

2. A humildade de Deus, 17

3. O que é a humildade, 21

4. A droga da soberba, 27

5. Os remédios da soberba, 33

6. Propósitos práticos, 41

7. Na rua, 47

8. Na família, 55

9. No trabalho, 59

10. Na ciência e cultura , 65

11. Na arte, 71

12. Na comunicação social, 77

13. Na vida social, 83

14. Na vida política, 87

15. Na vida internacional, 91

16. Na vida interior, 95

17. No apostolado, 101

18. Na vida eclesial, 105

Epílogo, 109

Introdução

As pessoas humildes são sempre muito simpáticas. É muito fácil lidar com elas, que sempre nos ouvem com atenção e respeito, que facilmente concordam conosco – pelo menos em parte –, que compreendem as nossas razões e, inclusive, nos admiram e se dispõem a servir-nos.

A humildade, todos concordamos, é de fato uma virtude muito agradável... nos outros, é claro. Se «os outros» fossem humildes, reconheceriam que temos quase sempre razão, apreciariam as nossas qualidades e ajudar-nos--iam a fazer tudo quanto nos apetece, o que, em princípio, nos parece sempre o melhor. Enfim, haveria mais paz e sossego, e tudo correria bem. A verdade é que muitas vezes «os outros» são tão orgulhosos que nem nos escutam; e, se nos ouvem, discordam do que dizemos. Chegam a acusar-nos de defeitos que só eles veem!

E assim andamos: exigindo humildade aos outros, sem vontade de adquiri-la nós.

Mas partamos, então, daqui, deste nosso costume de tentar reformar o mundo sem nos reformarmos a nós mesmos, para nos convencermos de que a virtude da humildade nos convém a todos, e não só aos «outros»; isto é, partamos da nossa própria convicção de que tudo correria melhor se houvesse mais humildade entre os homens, o que é uma verdade evidente. Façamos a propaganda «social» da humildade! Talvez seja um bom caminho para chegarmos à conclusão de que nós próprios devemos contribuir com essa virtude para o ideal de paz, justiça e caridade universais, que tanto nos apaixona.

1. A urgência social da humildade

«Como funciona esse motor?», perguntaram ao técnico. E este, simplificando razões, respondeu: «Trabalha por meio do vácuo. O vazio não é nada, mas tem uma força tremenda!».

O mesmo se diga da humildade. Parece esvaziar o homem (e, de certo modo, assim o faz), mas tem uma força enorme. E precisamos urgentemente dessa energia, não só para salvar a nossa alma, mas também para acudir aos grandes problemas do nosso tempo.

Com efeito, habituamo-nos a pensar que as grandes questões atuais são as injustiças clamorosas que esmagam a dignidade e os direitos humanos. Sentimos cada vez mais a necessidade da paz e da justiça entre homens e nações. O mundo estreitou, e o crescente cruzamento de relações sociais reclama com urgência normas que as regulem bem, porque, do contrário, os homens e os países irão sendo triturados uns pelos outros, sem possibilidade de recomposição. Mas sejamos realistas: não é possível resolver com perfeito rigor de justiça todos esses problemas logo que surgem, e muitos poderão ficar até sem resposta adequada. O melhor é prevê-los, preveni-los, evitá-los ou mitigá-los, indo à raiz das violências e das injustas desigualdades que tanto nos afligem. Ora, essa raiz geral é o egoísmo, o individualismo, que dá origem a um comportamento antissocial. E assim, por mais «leis justas» que lancemos na sociedade, os atritos e as violências são inevitáveis. É preciso ir à fonte da sociabilidade: a humildade.

Também poderíamos dizer que a raiz é o amor, a caridade, mas, se queremos ser práticos e evitar palavras muito gastas e equívocas, digamos que se trata mesmo da humildade, pois sem ela não há verdadeiro amor. É verdade que, em tempos de eficácia técnica, a humildade parece servir de pouco. Mais do que *virtude* (que vem de *vis*, força), ela soa-nos a fraqueza, como dizia Eça de Queiroz: a humildade é uma virtude capaz de nos fazer entrar no Paraíso, mas não serve para entrar no ônibus. Em parte, a culpa desta fraca imagem será dos velhos tratados de ascética e espiritualidade, cujos exemplos e conselhos de modéstia eram mais próprios de monges do que dos cidadãos correntes: uma certa inclinação da cabeça, os olhos baixos, os trajes gastos (para evitar a vaidade), e outros que tais. Não riamos, uma vez que ainda podem ser úteis a alguém, mas é evidente que a humildade não se obtém por gestos de pescoço ou de olhares vagos, pois nesse caso Eça teria razão: cedendo «humildemente» lugar aos outros, ficaríamos no ponto do ônibus até o dia seguinte.

O certo é que a humildade tem má imagem pública, mas – adiantando já que não precisa ter imagem nenhuma – vamos insistir na necessidade «social» dessa virtude.

Por que tumultuam as nações? Por que tramam os povos vãs conspirações?, pergunta o salmista (Sl 2, 1). Por que é que não há paz? E ele próprio responde: porque *erguem-se, juntos, os reis da terra, e os príncipes se unem para conspirar contra o Senhor e contra seu Cristo*. Desprezaram a autoridade divina: *Sacudamos para longe de nós as suas cadeias*, como se as leis de Deus fossem grilhões da liberdade humana. *Quebremos seu jugo*, como se a obediência ao Senhor fosse uma carga!

Trata-se de uma história antiga, que nasce da revolta de Satanás e se prolonga com o pecado dos nossos primeiros pais. Trata-se da pesada história da nossa soberba, desse nosso orgulho pessoal e coletivo, exacerbado hoje pelas grandes façanhas técnicas – «glórias da Humanidade!», como gostamos de exaltá-las. E quem não gostará do progresso? Quem não se orgulhará dos espantosos avanços da Ciência e da Tecnologia? (Com maiúsculas, é claro.) Neste ponto é simplesmente difícil não recordar ainda o velho Eça naquele episódio do gramofone – invento admirável! – que ninguém conseguia calar e que rouquejava até o desespero: «Quem não admirará os progressos deste século? Quem

1. A URGÊNCIA SOCIAL DA HUMILDADE

não admirará os progressos deste século? Quem não admirará...»[1].

Os progressos humanos são muito relativos. Não sabemos o que diria Gabriele d'Annunzio[2] dos nossos voos astronáuticos – ele, que exclamava, assombrado com as primeiras piruetas de uma avioneta rudimentar: *Gloria in excelsis Homini!*, isto é, glória ao Homem nas alturas!

Se Adão e Eva tivessem sido humildes e não tivessem pretendido ser como Deus, fazendo cair a Humanidade na extrema miséria, hoje vogaríamos por esses espaços afora com mais facilidade do que atravessamos a rua. Mas o pecado original atrasou a Humanidade em milhares de anos, e por isso olhamos para as galáxias como o boi para um palácio, chegando a interrogar-nos por que é que o Senhor fez tão grande o Universo. Conseguimos, ao fim desses milhares de anos, dar um pulo até

---

(1) Eça de Queiroz, «Civilização», em *Contos*, 1902.

(2) Poeta, romancista e dramaturgo italiano nascido em 1863 e falecido em 1938, exponente do movimento conhecido como «decadentismo». (N. E.)

a Lua, regressando cansados e gloriosos por termos pisado aquela bolinha seca de pó...

Se nos esquecemos do pecado dos nossos primeiros pais, não nos entendemos. O pecado original foi mais destruidor do que cem guerras nucleares. A soberba estragou tudo, para sempre, até o Juízo Final. Fez do homem um miserável a lutar pela sobrevivência a toda hora, e que se sente «realizado» e «rico» só por ter alguma coisinha a mais do que outros, do mesmo modo como se consideravam superiores, nos campos de concentração, os que podiam enfiar os pés numas botas cambadas ou enrolar-se à noite no lugar menos fétido da caserna.

E, se quiséssemos carregar as tintas, bastaria a leitura do Eclesiastes: *Vaidade das vaidades! Tudo é vaidade!* (Ecl 1, 2). Aqui, tudo é vão. *Tout passe, tout casse, tout lasse*, como dizem os franceses: tudo passa, tudo se quebra, tudo cansa... Que orgulho podemos sentir? «Tu... Soberba? – De quê?»[3].

---

(3) São Josemaria Escrivá, *Caminho*, 11ª edição, Quadrante, São Paulo, 2016, n. 600.

E como havemos de ver isto sem melancolia? Muito simplesmente, rindo. Dizia Chesterton que na tipografia sempre lhe cometiam uma gralha: logo que escrevia «cósmico», era certo e sabido que o trocavam por «cómico»[4]. E ele, no fundo, concordava. Tudo o que é cósmico é cômico. O próprio homem, misto de carne e espírito, pela alma deseja o infinito; pelo corpo, feijoada. Podemos dizê-lo sem qualquer amargura, porque toda a miséria humana, provocada pela nossa soberba, embora nos encha de ridículo, já não é desgraça: a graça de Deus compensou tudo. Deus veio à terra e transformou esta vida miserável num caminho de reis em direção à glória eterna! E por isso a Igreja tem a ousadia de nos felicitar pelo desastroso pecado das origens: «Feliz culpa!»[5], canta e faz-nos cantar na Vigília Pascal.

---

(4) Cf. G. K. Chesterton, *Considerando todas as coisas*, Ecclesiae, Campinas, 2013, cap. "Espiritualismo".

(5) Trecho do hino tradicionalmente conhecido como *Exsultet* ou «Precônio pascal», e que é entoado, na Liturgia Latina, diante do Círio Pascal durante a Vigília de Páscoa. *Felix culpa*, sua versão em latim, é a forma pela qual a expressão é mais conhecida. (N. E.)

Mas esta nossa existência mortal só se torna de fato um caminho real e festivo se deixarmos de seguir a soberba do primeiro Adão e seguirmos a humildade do segundo, Nosso Senhor Jesus Cristo.

2. A humildade de Deus

A humildade de Cristo! Que extraordinário mistério! Porque a humildade parece uma virtude só própria do homem, esta pobre criatura, enquanto Jesus Cristo é Deus! Como há de ser Ele humilde?

A verdade é que o é. Ainda antes de assumir a nossa natureza, Deus se mostrou humilde, humilíssimo. Qualquer pintor que encha uma tela com as cores de um papagaio assina logo o quadro para que ninguém lhe esqueça o nome; e Nosso Senhor, Criador de todos os papagaios e do mundo inteiro, oferece-nos o Universo sem assinatura, sem impor a sua autoria. Ele como que desaparece por trás da sua imensa, maravilhosa e dinâmica Criação, deixando-se adivinhar apenas por quem quiser usar da inteligência.

Realmente Jesus é humilde, como Deus e como Homem. Mas é humilde também por ser nosso Redentor. A sua humildade não é só uma virtude: é uma tática. Veio libertar-nos do pecado e do demônio, e tanto este como aquele se alimentam da soberba. Instigado pelo demônio e imitando a sua rebeldia é que o homem caiu. Ora, para levantar o homem do abismo da sua soberba só há um meio adequado, que é justamente o contrário: o da humildade.

O demônio é um anjo perdido. Como anjo, é inteligentíssimo; como soberbo, é louco. Sabe muito de muitas coisas, mas não percebe nada do amor. A humildade desconcerta-o, confunde-o, esmaga-o. Por isso, quando Nosso Senhor prometeu o Salvador aos nossos primeiros pais, logo prometeu que uma Mulher – Maria – havia de esmagar a cabeça de Satanás. Realmente, a humildade de Maria e a do seu divino Filho esmagaram por completo o poder demoníaco, começando por lhe rebentar os quadros mentais.

2. A HUMILDADE DE DEUS

Sim, Ele veio para libertar-nos da soberba com que o demônio nos contagiou; para tanto, que remédio e tática melhores do que a humildade? E assim é fácil compreender por que o Verbo se fez carne de uma donzela fraca e habitante de uma aldeia pobre, por que nasceu em sítio de animais, por que ganhou o pão de cada dia como qualquer necessitado e por que morreu como um escravo desprezível. Não houve um instante em que, com a sua fortíssima humildade, não esmagasse o nosso inimigo e não desbaratasse as suas pérfidas legiões. Não houve instante em que não fosse humilíssimo. Com que autoridade nos convida a seguir o mesmo caminho: *Aprendei de Mim, que sou manso e humilde de coração* (Mt 11, 29)!

Se queremos vencer o demônio e a raivosa loucura da soberba que nos inoculou, aprendamos de Cristo Jesus a tática indispensável e eficacíssima da humildade.

3. O que é a humildade

Dizem os tratados que a humildade é um aspecto da temperança. A temperança, por sua vez, é o hábito de ter medida em tudo o que fazemos. Os animais não «medem» o que fazem; estão «programados» para atuar como lhes convém, por força dos seus instintos. Nós não temos propriamente instintos, mas sim fortes tendências: de conservação, de alimentação, de procriação... Trata-se, contudo, de tendências vagas, imprecisas, indeterminadas, incapazes de nos fazerem atuar bem automaticamente. Para nos determinarmos, ou seja, para atuarmos, temos de usar a razão e a vontade, escolhendo objetivos concretos e «medindo» os meios de os obter. Se não usamos a razão ou não «medimos» bem o modo de alcançar o que pretendemos, os tais «instintos» e as paixões levam-nos a excessos ou carências graves, a vícios, a loucuras, crimes, perversões. Por isso, o homem é o único animal capaz de atuar contra a sua própria natureza, contra o seu próprio bem.

Ora, como todos temos a inclinação de procurar em primeiro lugar o nosso gosto imediato, corremos o risco de transformar essa tendência geral em egolatria, egoísmo, no hábito de nos considerarmos o centro e o fim de tudo, quando o centro e o fim do homem só pode ser Deus, que nos criou e nos destinou à sua infinita felicidade. E de que somos feitos para Ele não há dúvida: nada nem ninguém aqui nos satisfaz completamente. Todavia, precisamos dos outros. O homem é um «ser social»; sozinho não pode ser feliz. Tem absoluta necessidade de amar e ser amado.

Precisamos, pois, «temperar» a nossa forte inclinação para o egoísmo, refrear esta nossa tendência de olhar só para «o nosso umbigo», como se costuma dizer – o que, por sinal, também testemunha que não existimos por geração espontânea, isolados, mas que proviemos de alguém, que por sua vez recebeu de outrem a vida, e esse de outrem, numa cadeia incomensurável que nos liga uns aos outros.

Temos de levantar os olhos para Deus e para as outras pessoas, o que constitui sempre um certo esforço. Contudo, o homem só consegue respeitar a sua natureza esforçando-se. Basta pensar na principal figura da nossa imaginação: somos sempre nós o figurão principal! Mal nos descuidamos... e aí está Nossa Excelência a representar o papel central da peça! De rei ou de mendigo, de herói ou de vítima inocente, de artista consagrado ou gênio incompreendido, mas sempre no meio do palco. Bem chamava Santa Teresa à imaginação «a louca da casa»!

No entanto, também seria lícito afirmar o contrário: no fundo, com toda a nossa soberba, temos razão. Temos razão quando nos vemos como a pessoa mais importante do mundo! Isso não vem explicitamente nos tratados de moral, mas é a pura verdade. Tanto é que Deus morreu por mim. *Entregou-se a si mesmo por mim!*, exclama São Paulo (Gl 2, 20).

«E por todos!», responderemos. Sim, também o diz assim noutra passagem: *Entregou-se a Si mesmo por nós* (Ef 5, 2). Foi, todavia, por cada um de nós! Pessoalmente! Ora, se Deus gosta tanto de mim que por mim fez o Universo, encarnou e morreu numa Cruz, quem se atreve a dizer que eu não sou a pessoa mais importante do mundo?

A soberba, no fundo, é uma loucura genial! É como que a intuição confusa da nossa extraordinária grandeza. Mas realmente é loucura, pois só sou grande porque Deus resolveu amar-me sem nenhum merecimento da minha parte. Por mim, não tenho sequer razão nem poder de existir e não valho nada de nada; e, pelos meus pecados, sou menos que nada – talvez até seja o pior de todos os homens: o primeiro de todos os pecadores, como dizia São Paulo de si mesmo (cf. 1 Tm 1, 15). Só Deus sabe.

Conta-se que um confrade de São Francisco lhe perguntou o que pensava de si mesmo.

– Que sou o pior de todos os homens!

– Ora, ora! – respondeu, impaciente, o outro. Afinal, o irmão Francisco sabia perfeitamente que havia gente muito pior do que ele: ladrões, assassinos, adúlteros…

– Eu não sei a graça que Deus lhes deu – replicou o santo. – Só sei as graças que Deus me concedeu e a que não correspondi!

A humildade do santo não era fingida nem sentimentalista; era *científica*: visto que não podia comparar-se com ninguém, com que direito havia de julgar-se superior a qualquer pessoa? Quando São Paulo diz *que a humildade vos ensine a considerar os outros superiores a vós mesmos* (Fl 2, 3), não está a aconselhar uma espécie de truque interior para sermos humildes. Considerai, diz ele, porque pode ser verdade; e, além disso, porque qualquer homem vale o Sangue de Cristo e Cristo se identificou com ele: *Todas as vezes que fizestes isto a um destes meus irmãos mais pequeninos, foi a mim mesmo que o fizestes* (Mt 25, 40). Logo, qualquer pessoa merece o respeito que devemos a Cristo. É, portanto, nosso superior, efetivamente.

4. A droga da soberba

A soberba é uma loucura porque é uma espécie de rivalidade com Deus, como se o Senhor, que nos criou, nos sustenta, nos redimiu e enche de graças, nos fizesse sombra, e como se pudéssemos comparar-nos com Ele. É uma loucura também porque não há maior disparate do que querer ser «como Deus» quando, por Nosso Senhor Jesus Cristo, nosso irmão, participamos efetivamente da própria natureza divina e, se formos fiéis, gozaremos eternamente da sua felicidade infinita!

Trata-se de uma loucura congênita e hereditária, de uma mania que nos vai destruindo como a droga se não nos defendemos dela.

Além disso, como já vimos, a humildade de Cristo foi – e continua a ser – uma tática redentora, porque o grande «problema» do Salvador não é o de pagar a nossa imensa dívida para com Deus e dar remédio aos nossos pecados. Tudo isso foi resolvido definitivamente na Cruz. Ao fundar a Igreja e ao confiar-lhe a doutrina, as leis evangélicas e os Sacramentos, ofereceu ao homem tudo o que é necessário para a sua salvação. O grande «problema» do Salvador é que nós, os doentes da alma, não queiramos tomar o remédio, não queiramos salvar-nos! Porque nos custa reconhecer a nossa miséria mortal. Ora, para tratar um doente meio louco, o médico – o próprio Médico divino – tem de usar de muito cuidado, muita paciência, muita humildade. É o que faz Nosso Senhor conosco.

Por isso nos avisou gravemente dos pecados contra o Espírito Santo, que não têm perdão (cf. Mt 12, 31). Os pecados contra o Espírito Santo são o pior fruto do orgulho humano: consistem em negar a evidente realidade dos nossos pecados; ou em presumir de salvar-nos deles pelas nossas próprias forças; ou em pensar que nem Deus lhes pode dar remédio; ou em obstinar-se em cometê-los aconteça o que acontecer; ou em não pedir perdão sequer à hora da morte. Enfim, consistem em não querer recorrer à misericórdia divina para obtermos a salvação.

Não será preciso fazer mais propaganda da humildade. Nunca mais acabaríamos se evocássemos todos os motivos que a reclamam para que cada um de nós e o mundo tenhamos paz. Recordemos apenas aquela frase da Sagrada Escritura: *O orgulho é abominável a Deus e aos homens; e toda a iniquidade das nações provoca horror* (Eclo 10, 7). Quem suporta uma pessoa orgulhosa? Quem não gosta da gente humilde? A humildade atrai, sossega, alegra, suaviza; a soberba repele, inquieta, aborrece, torna-nos agressivos e amargos. A soberba dá guerra; a humildade, festa.

Por todos os motivos, procuremos ser humildes. Mas como consegui-lo? Tentemos ser práticos e não reduzamos esse desejo a uma vaga aspiração sentimental.

Talvez valha a pena distinguir três graus: a vaidade, o orgulho e a soberba propriamente dita. A vaidade é o grau mais superficial. Uma pessoa pode envaidecer-se por uns sapatos novos, mas ser humilde a respeito da camisa ou da sua cultura clássica. Gosta de mostrar o calçado, mas reconhece facilmente que Mozart tinha mais talento musical. O orgulho é mais grave: quer mandar, impor-se aos outros. Discute e teima, irrita-se e agride. É manifesto e não cuida de disfarces. Mas, ainda assim, é também superficial, simples fruto de temperamento mal-educado e compatível com o reconhecimento íntimo – ou até expresso – do seu ridículo e da sua impertinência.

A soberba propriamente dita, esse é o grande problema: uma convicção enraizada e profunda da nossa excelência em tudo – intelectual, espiritual e até física. Se sou paralítico, sou o paralítico mais ágil do mundo e, se não precisasse de cadeira de rodas, seria campeão olímpico. Se reprovei na escola primária foi porque o ensino é organizado para idiotas, e não para gênios como eu. Se não rezo uma Ave-Maria sem me distrair, é porque a minha espiritualidade é tão elevada que as palavras não me servem...

O vaidoso é capaz de corar da sua tontice; o orgulhoso é capaz de pedir desculpa pela triste

4. A DROGA DA SOBERBA

figura que fez; o soberbo, não. Mesmo quando os seus fracassos são patentes, ele apenas empalidece de indignação perante a incompreensão alheia, que só lhe merece um ricto de comiseração. Para ele, os outros são uma paisagem deprimente.

Esta gradação terá alguma coisa a ver com a idade: talvez os adolescentes tendam mais para a vaidade e os homens feitos, para o orgulho. No entanto, a soberba não é especialidade da velhice. Pode vegetar em qualquer época da vida ou percorrê-la quase toda. E é dela que temos sobretudo de fugir, porque as vaidades e os orgulhos vão apanhando naturalmente as suas boas bofetadas ao longo dos anos, o que nos ajuda a amansar, enquanto a soberba alimenta-se de tudo, e de tal modo que até os insucessos vergonhosos são capazes de fazê-la crescer.

5. Os remédios da soberba

Como livrar-nos deste vício tão insidioso, que chega a convencer-nos de que somos humildes – e até os mais humildes de todos?

Do vício da soberba podemos livrar-nos, mas da soberba nunca, exceto no Céu. A soberba é um dos pecados «capitais», quer dizer, uma fonte maligna sempre a escorrer a sua água inquinada sobre as nossas intenções. Não há maneira de purificar a fonte, mas só a terra onde ela cai.

Com outra comparação: pessoa limpa não é quem não se suja, pois todos nos sujamos, por maior que seja o cuidado; pessoa limpa é quem se lava com frequência. Do mesmo modo, pessoa humilde não é quem não tem soberba. Todos sofremos desse mal. Pessoa humilde é quem sabe que é soberbo e se esforça constantemente por retificar as suas intenções, pedindo perdão a Deus e desculpa aos demais (de forma mais ou menos expressa) por tal insensatez.

Por outro lado, embora sejamos soberbos, no fundo desprezamo-nos. Não há quem, no mais íntimo da consciência, não se sinta desgostoso consigo mesmo. Pois bem: aproveitemos esse autodesprezo íntimo e chamemo-lo à tona da consciência de vez em quando.

Outro meio – excelente! – é o de contemplar a humildade de Jesus. Quem olha a sério para o Presépio ou para a Cruz e demora um bocadinho esse olhar cora até à raiz dos cabelos e começa logo a balbuciar perdões.

Mas reparemos ainda noutra coisa: a nossa soberba não é demoníaca, pois não somos demônios; ou seja, a nossa soberba nunca é total e perene. Com certas pessoas e em algumas matérias, somos humildes; com outras, não. O maior dos tiranos é capaz de agachar-se e fazer-se de cavalo para levar um filho às costas em horas de brincadeira. Em certas matérias não nos é difícil reconhecer que somos fracos – que jogo mal o tênis, por exemplo; mas noutras, sim: se me dizem que não sei gramática, sinto-me vexado, etc.

Interessa-nos agora especialmente o primeiro caso: por que somos humildes com umas pessoas e com outras não? Porque as amamos. Logo, a humildade depende muito do amor. O amor ajuda-nos mais nessa virtude do que a consideração da nossa miséria pessoal.

Se sou sincero comigo mesmo, reconheço, embora me custe, as minhas múltiplas limitações no futebol, em astronomia, filosofia – enfim, em muitas ciências e artes, em mil talentos que não possuo. Não posso negar, ademais, que todas as pessoas me superam em algum aspecto. Se vou mais a fundo, acabarei por descobrir que sou uma pobre criatura, que todo bem que faço é pela graça de Deus, que muitas vezes não correspondi a essas graças, que não valho nada e que, por mim, só merecia o desprezo e a condenação. E dessas considerações tiro o propósito de ser fiel a Deus e servir o próximo, sabendo que me vai custar... Todavia, se amo alguém, nada me custa ser humilde com essa pessoa e alegram-me, pelo contrário, todas as ocasiões de servi-la!

É bom, portanto, habituar-nos a reconhecer os nossos defeitos e culpas, mas é ainda melhor amar toda a gente e, sobretudo, amar a Deus – nosso Criador e Redentor, Benfeitor supremo, Beleza infinita, infinito Amor – e servir-nos uns aos outros como Ele nos serviu e serve continuamente, tanto nos grandes perigos e necessidades quanto nas miudezas diárias, sem nos iludirmos com sonhos de heroicidade em circunstâncias dramáticas, que raramente acontecerão.

Como quaisquer virtudes, a humildade é uma questão de hábito, especialmente o hábito de amar. A mais perfeita humildade não é a de me desprezar, mas a de me esquecer de mim. Todavia, como nunca conseguimos esquecer-nos completamente de nós mesmos, é preciso ter presentes as nossas misérias pessoais; caso contrário, o egoísmo e a soberba tomam conta da imaginação e em breve nos embriagam com o fantasma da nossa excelência. De qualquer forma, o hábito de amar a Deus e o próximo é sempre mais eficaz.

Quem não se comove com o episódio da Cananeia? Aquela pagã roga a Jesus que lhe cure a filhinha. E Nosso Senhor, que conhece a grandeza do amor das mães, põe-na à prova, mostrando-se indiferente à sua angústia e respondendo-lhe depois com uma rudeza tremenda: *Não convém jogar aos cães o pão dos filhos!* (Mt 15, 26).

Embora o termo «cães» fosse um modo corrente de os judeus se referirem aos estrangeiros (do mesmo modo como os ciganos chamam «gajos» aos de outras raças), não deixa de ser violento nos lábios do Mestre. E como reage aquela mulher? Pouco lhe importa que lhe chamem cão ou cadela! O que quer é a cura da sua menina: *Certamente, Senhor, replicou-lhe ela; mas os cachorrinhos ao menos comem as migalhas que caem da mesa de seus donos...* (Mt 15, 27). Cão, cadela, cachorro, o que Tu quiseres! Eu não existo, não conto; só contam a saúde da minha filha e o teu poder, Jesus!

Como conseguiu ela tanta humildade? Terá feito intensos exercícios de autoconhecimento, de voluntária humilhação, para alcançar tão alto grau de virtude? Suponho que não, que nem lhe terá passado tal coisa pela mente. A Cananeia (merece maiúscula esta Mulher!) não era humilde por querer ser perfeita; era humilíssima por um motivo muito simples: porque era mãe!

O coração das mães é um mistério sem fundo, uma das grandes maravilhas da natureza. Nem elas se dão conta normalmente da sua grandeza, da sua heroicidade, da profundidade do seu amor, que as transforma em sombra protetora dos filhos, como se elas próprias não existissem ou como deixassem de existir para si mesmas.

Aí está o grande segredo da humildade: o amor. E assim se explica a extraordinária humildade de Deus: o Amor infinito leva por força à infinita humildade.

É evidente que em Deus não se trata de um aspecto da temperança, pois Deus não tem de se defender de nenhuma inclinação destemperada. Assim, Ele nos aponta um caminho que também é ótimo para nós, criados à sua imagem: amá-Lo e amar o próximo de tal modo que habitualmente nem nos lembremos dos nossos interesses e gostos, mas apenas do que devemos ser para cumprir os seus mandatos e para o bem do próximo.

6. Propósitos práticos

Para sermos práticos, recordemos antes de mais nada que temos falado de duas espécies de humildade: a humildade por temperança e a humildade por amor. O amor a Deus e ao próximo, em princípio, bastaria para tornar-nos humildes; a verdade, porém, é que o nosso amor é sempre imperfeito e não nos enche o coração de tal maneira que nos esqueçamos por completo de nós mesmos. Por isso, temos de lutar sempre no campo da temperança, ou seja, nunca estaremos dispensados de vigiar os nossos pensamentos, intenções, imaginações, palavras e atitudes externas na convivência, ou mesmo de retificar o excesso de amor-próprio, quer em miúdas vaidades, quer em agressivos orgulhos, quer em sutis soberbas.

Quanto à humildade por amor, já vimos que se irá conseguindo na medida em que amemos cada vez mais os outros. Se alguma pessoa, próxima ou distante, nos irrita ou nos suscita desprezo, havemos de reconhecer que não a amamos como devíamos – e é preciso amar toda a gente, como nos mandou o Senhor, até os nossos inimigos. Ora, se o Senhor o mandou, é porque o nosso coração, com a sua graça, goza dessa capacidade. Não digamos que nos é impossível. Pessoa que nos seja indiferente ou detestável é pedaço vazio ou morto no coração, espécie de necrose cardíaca que nos impede de correr pelos caminhos de Cristo.

Quanto à humildade por temperança, em primeiro lugar sejamos interiormente sinceros: quantas fraquezas íntimas nos envergonham! São Josemaria citava por vezes o pensamento de um autor francês, de Maistre: «Não sei como será o coração de um criminoso, mas debrucei-me sobre o coração de um homem de bem... e assustei-me!». Aproveitemos, como dizíamos atrás, esse desprezo íntimo que sentimos por nós mesmos: «O conhecimento próprio leva-nos como que pela mão à humildade»[1]. «Quando ouvires os aplausos do triunfo, que ressoem também aos teus ouvidos os risos que provocaste com os teus fracassos»[2]. Sendo sinceros, sentiremos o ridículo de pretender superioridades: quanta gente mais generosa, mais inteligente, mais sacrificada, mais heroica, mais talentosa, mais valente, mais santa do que eu!

Há, contudo, um critério muito prático para crescermos na humildade: não falarmos de nós, exceto o indispensável ou o que seja útil para os demais; levar os outros a falarem do que lhes interessa; ouvir com atenção o que nos dizem. Aqui está um método simples e até mensurável de rebater o egocentrismo. E falar bem dos outros. Desse modo será mais fácil encher o coração de amor ao próximo. Se *a boca fala do que lhe transborda o coração* (Mt 12, 34), também as boas palavras em favor dos outros o dulcificam.

E não se trata só de palavras, porque há muitos modos de chamar a atenção para a

---

(1) São Josemaria Escrivá, *Caminho*, n. 609.

(2) *Idem, ibidem,* n. 589.

nossa pessoa – por exemplo, a tristeza e a irritação, truques da nossa soberba. Mostrando o rosto sorumbático, melancólico ou duro, obrigamos os outros a reparar em nós, ainda que não digamos nada. E ao revés: o sorriso, a habitual boa disposição, é um bom caminho de humildade; todos se sentem à vontade conosco e podem falar do que lhes apetece, sem se preocuparem com Nossa Excelência.

Outro sistema prático será o de servirmos os outros em tudo o que boamente pudermos, desde deitar-lhe água ou vinho no copo quando estamos à sua beira até fornecer-lhes o *know-how* tecnológico para montarem uma indústria; desde lermos depressa o jornal para que os outros o possam ler também até sugerir boas iniciativas a um político.

Outro propósito ainda: habituar-nos a pedir desculpa e a emendar os nossos erros, desde um atraso à reunião até a revisão de um contrato que se revelou injusto; desde pedir desculpa por pisarmos em alguém no ônibus até a retificação pública de um artigo que escrevemos sem o devido rigor da verdade.

6. PROPÓSITOS PRÁTICOS

Quem não sabe pedir desculpa é um soberbo endurecido – além de malcriado – e corre o perigo de não pedir perdão sequer a Deus, o que seria a maior catástrofe da sua vida. O Senhor disse-o claramente na parábola do fariseu e do publicano, e tantas vezes mais. As maiores perfeições sem a humildade não servem de nada; os maiores defeitos seguidos de sincera contrição tornam-se caminho de amor. Que melhor treino para a salvação do que habituar-nos a pedir desculpa com frequência a Deus e ao próximo?

7. Na rua

Desçamos, porém, à vida cotidiana e lembremo-nos de que as virtudes não são para praticar apenas nas horas de calma e reflexão, mas a toda hora, no meio dos afazeres e contatos do dia a dia: em casa, no metrô, na rua, no café, no barbeiro, etc.

Ora, é muito fácil, sobretudo na agitação urbana, sair por aí pensando só no que temos a fazer e ver só vultos onde há autênticas pessoas, tão importantes como nós aos olhos de Deus.

Nesse sentido, há uma história em quadrinhos breve e muito expressiva, em que um cidadão normal sai do escritório e se acomoda ao volante do carro para regressar para casa. O segundo quadro mostra-o transformado numa espécie de felino, de sorriso maquiavélico, ultrapassando todos os que lhe vão à frente; noutro desenho, as feições do condutor tornam-se ferozes, rugindo pela janela a quem lhe dificultou a ultrapassagem; depois, ao volante, só se vê um autêntico diabo no cúmulo da raiva; e, por fim, transformado novamente em pessoa normal, fechando o carro e entrando em casa...

É essa a louca história cotidiana de tantos de nós, incapazes de reconhecermos os outros como pessoas humanas, de igual natureza e dignidade, irmãos nossos com ocupações e preocupações semelhantes. Vemo-los como se fossem animais vadios ou simplesmente coisas, e apenas coisas incômodas, que nos atrasam o grande objetivo de chegar em casa e nos enfiarmos no sofá para ver televisão.

O problema reside em que previmos o nosso trajeto sem contar com eles. Fizemos de conta que não há ninguém além de nós, e daí que qualquer pessoa se torna um obstáculo. Pelo contrário, se, ao sair à rua, temos presente que se nos abre um novo âmbito de convívio humano e cristão, saímos dispostos a aproveitar quaisquer oportunidades de servir – habitualmente com simples miudezas de atenção e caridade – tantos irmãos nossos que não podemos amar de outra maneira até nos reunirmos no Céu.

E então é fácil a humildade. Trata-se de pormenores de caridade, mas para isso é que a humildade serve. Que absurdo dirigir-nos ao guichê de uma repartição como quem vai travar batalha contra uma fera aleivosa que se anicha do outro lado! E que ridícula chega a ser a discussão feroz pelo lugar na fila de espera!

É certo que, por vezes, uma pequena demora pode comprometer o trabalho de um dia inteiro, assim como uma pequena imprudência na condução pode provocar um desastre mortal. Mas reparemos que também nós nos descuidamos de vez em quando e havemos de estar dispostos a desculpar e a pedir desculpa, e também que há muitos modos não agressivos de exigir os nossos direitos.

Recordo a perplexidade que me causou, em menino, a resposta de um velho amigo do meu pai. Tinha-lhe perguntado pelo filho, e o amigo respondeu: «Está um homem! Já se defende».

«Já se defende?», assustei-me. De quem se defenderia o rapaz? Quem o atacava? Só mais tarde entendi a expressão. Mas por que havemos de defender-nos, em vez de servir-nos? A razão que damos interiormente é bastante infantil: «Foi ele que começou!». Ele, eles, os outros, é que me querem pisar; eu, cá, defendo-me! E, com esta predisposição para ver em qualquer pessoa um adversário latente, convenço-me de que a melhor defesa é o ataque prévio e sou o primeiro a agredir: círculo vicioso da soberba, que se só resolve quando resolvemos quebrá-lo. «Onde não há amor, põe amor e encontrarás amor», já dizia São João da Cruz[1]. Se sou amável, logo os demais serão amáveis, ou menos agrestes.

Há um episódio da vida de Lincoln cuja veracidade não atesto, mas que quadra bem com o seu caráter. Visitava ele um hospital, rodeado de ministros e autoridades clínicas, quando, de rompante, a porta de um corredor girou e atirou o presidente ao chão, para a consterna-

---

(1) São João da Cruz, Carta à Madre Maria da Encarnação, OCD, Madri, 6 de julho de 1591.

ção, indignação e confusão dos circunstantes. Mas o médico, que fora o autor da proeza e não sabia quem tinha lançado por terra, estava furioso e mais furioso ficou: porque naquele hospital o trabalho era impossível, porque os corredores estavam cheios de gente alheia ao serviço, porque ninguém naquela casa respeitava a ordem estabelecida...

Então o sábio presidente, ainda estendido no chão, olhou para ele com pena e só perguntou: «O que é que te preocupa, meu filho?». Coitado do jovem médico! Aquela agressividade tinha decerto a simples explicação de algum sofrimento íntimo.

Não nos perturbemos com a violência dos outros. Coitados dos violentos! Por que andarão amargurados? Que infelicidade os rói? Vamos suavizar-lhes um pouco a vida como pudermos, sem pagar soberba com soberba.

É exemplar a vingança de Tomé da Póvoa, uma nobre figura de labrego do romance de Júlio Dinis intitulado *Os fidalgos da Casa Mourisca*. Quando o bom camponês soube que o seu antigo patrão, o senhor D. Henrique, se considerara ofendido por ele ter emprestado dinheiro a seu filho, que desejava recuperar a herdade da família, encarou-se com o orgulhoso fidalgo e disse-lhe sem rodeios: «Juro que hei-de, a seu pesar, fazer-lhe o bem que puder!».

Temos de quebrar o clima agressivo da rua, fazendo contracorrente à frieza e indiferença com que nos cruzamos na cidade. Não se trata de criar em toda parte um ambiente aldeão, pois não seria possível nem útil. O primeiro a incentivar a rapidez da vida moderna foi Nosso Senhor Jesus Cristo, quando recomendou aos apóstolos que não saudassem ninguém pelo caminho (cf. Lc 10, 4). Queria dizer que pusessem de lado as longas cerimônias de saudação usadas na época (quando se cruzavam uns com os outros, chegavam a armar tendas e trocar visitas e presentes!), pois havia mais o que fazer: era urgente a evangelização. Mas uma coisa é o ritmo vivo e apressado do trabalho e outra a indiferença mútua, ainda que entre desconhecidos.

O que não é humano nem cristão é a atitude distante perante quem nos é próximo, como se apenas valesse a nossa pessoa e os demais fossem meros objetos da paisagem, capazes de empecilhar-nos o caminho.

Desta atitude anticristã e desumana é que procedem as manifestações violentas da soberba, lançando mais amargura sobre quem possivelmente já vai carregado de azedumes. E, ao contrário, da atitude afável de serviço é que saem mil pormenores de delicadeza, que consolam quem Deus faz passar ao nosso lado.

Aquele «homenzinho» cinzento e apagado que nos abre uma porta ou nos pergunta uma direção talvez seja um santo, um sábio, um herói, muito superior a nós em qualidades. Mas, seja quem for, é superior a nós por ser filho de Deus.

São Pio X tratava familiarmente os guardas do Vaticano. E, quando um eclesiástico lhe fez notar que não parecia bem que Sua Santidade «se rebaixasse» a esse ponto, Pio X respondeu: «Olhe que no Céu as coisas são ao contrário…».

Contam também que certo fidalgo estranhou a respeitosa cortesia com que o monarca se descobrira para corresponder à saudação de um camponês:

– É um simples lavrador, majestade!

– Pois que não digam que o rei é menos educado que um labrego!

8. Na família

Acontece, no entanto, ser-nos talvez mais fácil a afabilidade na rua, com desconhecidos, do que em casa. Mas uma «virtude» que não se viva na família e no trabalho profissional não é autêntica virtude. A virtude prova-se no relacionamento com quem lidamos habitualmente. Virtude é hábito, e o hábito requer continuidade, persistência, o que só se ganha onde passamos a maior parte das horas do dia.

Portanto, abaixo a tirania e os maus modos em casa! Respeito para com a mulher ou para com o marido, para com os filhos, pais, sogros, empregados, empregadas, etc. Não há direito de humilhar ninguém. Se para isso for preciso uma certa cerimônia, pois, então, cerimônia. O excessivo «à vontade» cria situações desagradáveis e impertinentes. É preferível a aparente frieza da «cerimônia» ao calor de uma discussão destemperada – abandonando, porém, a tal «cerimônia» logo que o ambiente acalma...

Além disso, o que antes víamos: evitar ser o centro da casa com os nossos gostos ou problemas pessoais, os maus humores, amuos e preocupações, os miúdos egoísmos, queixas e dramas. «Mas estou cansado!». Todos estão cansados ao fim do dia! Mesmo as crianças, apesar das suas brincadeiras ruidosas.

Vamos fazer, sim, dos outros o centro das nossas atenções; ouvir com interesse o que nos contam ou perguntam. Bem sabemos como este hábito chega a ser difícil e até heroico, mas aí é que está a virtude. E, se desejamos a humildade, a família oferece-nos ótimas oportunidades para isso. Diríamos até que a humildade em casa fica garantida, uma vez que não conseguimos viver constantemente numa atitude de mútua gratidão e admiração, por mais sacrifícios que tenham feito por nós. «É que não compreendem o que faço por eles!». Mas, afinal, o que pretendes: o louvor constante ao teu heroísmo? Uma estátua no meio da sala de estar? Um centro de mesa evocativo dos teus grandes sacrifícios?

«Não és humilde quando te humilhas, mas quando te humilham e o aceitas por Cristo»[1]. Só somos humildes quando nos esquecemos dos nossos brilhantes feitos e procuramos que não pesem sobre aqueles a quem servimos. Nem os condecorados andam sempre com as condecorações na lapela.

Já os apóstolos recomendavam muito a humildade da família! *Sede submissos uns aos outros, no temor de Cristo. As mulheres sejam submissas a seus maridos, como ao Senhor [...]. Maridos, amai as vossas mulheres, como Cristo amou a Igreja [...]. Filhos, obedecei a vossos pais segundo o Senhor [...]. Pais, não exaspereis vossos filhos. Pelo contrário, criai--os na educação e doutrina do Senhor* (Ef 5, 22.25; 6, 1.4).

Haveria tanto mais a acrescentar! O Papa Francisco ocupou nisso várias páginas da exor-

---

(1) São Josemaria Escrivá, *Caminho*, n. 594.

tação apostólica *Amoris laetitia*, ressaltando a necessidade de se renovar constantemente o amor mútuo à medida que se vão mudando – «renovando» – constantemente os outros membros da família[2].

---

(2) Cf., entre outros, os nn. 97-98. (N. E.)

9. No trabalho

A falta de humildade no trabalho é uma contradição, pois, se o trabalho é um serviço, com espírito de serviço deve ser feito. Transformá-lo num meio de afirmação pessoal ou de simples proveito lucrativo é desvirtuá-lo na raiz. Mas acontece com frequência essa desvirtuação: cada um procura «furar» a selva dos empregos e caçar a ocupação mais cômoda e rendosa... para si. O cliente, o patrão e o colega tornam-se espécie de inimigos latentes, contra quem me previno e me organizo. Já não vejo pessoas a meu lado; vejo degraus para subir, obstáculos a vencer, fraquezas a aproveitar: «Lá me apareceu mais um cliente maçante. Em vez de me irritar, apliquei as boas regras de relações públicas. Perguntei-lhe pela família, soube a sua data de aniversário, interessei-me pelos seus gostos, ouvi-o com atenção, etc. Tenho a certeza de que fiz um amigo. O que ele não sabe é do inimigo com que ficou!».

Falsa humildade, esta, que não é cristã nem humana: na frente, sorrisos; por trás, o mau juízo e a murmuração! Que sorte encontrar um homem simples e sincero, empenhado em servir realmente o próximo e ajudá-lo a progredir! Capaz de reconhecer talentos maiores que os seus e de fomentá-los lealmente; solícito por transmitir a sua experiência aos demais; desculpando inevitáveis imperfeições alheias e não negando as próprias; retificando os erros cometidos; sabendo louvar os colegas e empenhado em aprender sempre mais...

Por que se há de considerar desprestígio não saber sempre tudo o que diz respeito à profissão, fingindo conhecer o que se ignora e tentando subir «à força de "pesar pouco"»[1] até o nosso «grau de incompetência»? Assim se

---

(1) São Josemaria Escrivá, *Caminho*, n. 41.

podem degradar empresas e serviços: por falta de seriedade, de humildade, afinal.

Jesus foi um honesto carpinteiro. Não quis espantar ninguém com prodígios de marcenaria, nem saltar de posto em posto até o *top* empresarial. Foi um «humilde trabalhador» no sentido mais sério da expressão, dando-nos a entender o autêntico espírito do trabalho, que é serviço ao próximo e obediência a Deus.

E aqui está outro importante sintoma de humildade: a obediência. Por mais alto que se esteja, há que obedecer a outrem – pelo menos à lei, às autoridades, que todas representam Deus. A crítica corrosiva aos superiores destrói também a dignidade do trabalho. Significa que obedecemos à força, como escravos, e não «como homens livres», filhos de Deus: *Filhos, obedecei a vossos pais no Senhor [...]. Servos, obedecei aos vossos senhores temporais, com temor e solicitude, [...] como servos do Senhor e não dos homens* (Ef 6, 1.5.7).

E se os chefes são mesmo incompetentes? Nesse caso a desobediência ainda agrava mais as consequências dos seus erros. Tal como na guerra, é preferível a ordem errada à desorientação geral. E uma obediência inteligente e leal é capaz de tornar boa uma decisão imperfeita. Fique talvez o superior com os louros da eficácia, que o servidor humilde não perderá a sua recompensa perante Deus e talvez até perante a chefia. A murmuração e a ironia é que não resolvem coisa nenhuma, nem preparam o servidor para ser chefe. Apenas desenvolvem um clima de deslealdade, que recairá sobre o próprio desobediente.

Benditos os trabalhadores humildes, de alta ou baixa categoria empresarial, que são quem sustenta o mundo: o sapateiro que deseja realmente calçar-me bem, e não só despachar sapatos; o gestor que procura satisfazer necessidades sociais, e não só desenvolver a empresa; o comerciante que me aconselha honestamente, e não «empurra-me» os seus produtos!

Há tempos aprendi no barbeiro um conceito interessante, dito por um outro cliente acerca de não sei que futebolista: «Independentemente do que digam, ele é bom de grupo!». Acho que compreendi: um jogador que anima os outros nos intervalos do jogo, que desfaz conflitos, que sabe dizer uns bons gracejos para aliviar as tensões, que dá espírito de luta e de vitória aos colegas. Sim, senhor: um bom conceito a aplicar em quaisquer circunstâncias, nomeadamente no trabalho profissional, que acaba por ser sempre um trabalho de equipe.

10. Na ciência e cultura

Ai, a Ciência! Com maiúscula, imponente, superior! Quantos gênios, heróis e fanfarrões tem gerado! Como alguém dizia, quantos começaram por ser «grandes cabeças» e acabam por ser «cabeças grandes»! Quantos, ao descobrirem mais um pequeno «segredo» do maravilhoso Universo, ficam deslumbrados... com a sua própria inteligência! E tiram *selfies*!

Sem humildade, não há ciência. A verdadeira ciência tem consciência da sua perfectibilidade. Quando não, transforma-se na sua própria rêmora.

A resposta surpreendente de uma velhinha iletrada quando foi ao cinema pela primeira vez:

– Então, gostou? Que lhe parece?

– Ó, meu senhor, não sei... Não tenho com que comparar!

A honestidade da resposta era de um rigor científico admirável! Aquela mulher podia ser uma pesquisadora de primeira ordem!

É a clássica história da «dialética» fé-razão! É complexa quando tratada em profundidade, mas, se usada como dialética de contrários, dizia um bom investigador, é problemática ultrapassada: hoje, todos os cientistas sabem que «a Natureza é sobrenatural»! Inesgotável! Na verdade, a ciência requer humildade, assombro e consciência dos limites da observação e da inteligência.

Talvez seja injusto, mas tem a sua graça o comentário de um sábio alemão: nós, os latinos, somos «inteligentes demais» para a investigação. Enquanto eles, os germanos, após muitas experiências, ousam timidamente formular uma hipótese, nós, com duas ou três observações superficiais, somos capazes de construir teorias completas! Sim, talvez seja injusto, mas, latinos, eslavos, chineses ou astecas, todos sofremos de tentações de soberba intelectual, que nos prejudicam e enfraquecem

10. NA CIÊNCIA E CULTURA

a cultura. Já São Paulo dizia: é um obcecado pelo orgulho, um ignorante (1 Tm 6, 4).

Com efeito, a soberba ataca de modo especial a inteligência, «o dom mais bem distribuído entre os homens», como se costuma dizer, visto que ninguém se queixa da sua falta... Qualquer ideiazinha que nos brote logo nos parece insuperável, pois, como dizia São Bartolomeu dos Mártires, todos amam «os partos do seu entendimento». Há a presunção, que nos ilude; a vaidade, que nos deixa satisfeitos com qualquer brilharete; a inveja, que nos cega; a rivalidade, que converte o trabalho intelectual num jogo de superioridades; o egoísmo, que nos leva a esconder elementos interessantes a outros talvez mais capacitados para lhes dar rendimento; o fingimento, que não nos permite confessar a nossa ignorância em algum aspecto; o respeito humano, que nos leva a concordar com o que, na verdade, julgamos errado ou nos é duvidoso; o fanatismo, que pretende forçar a inteligência dos outros...

E, se isso é mau na investigação, no ensino é um desastre: em vez de formar discípulos, humilhamos os alunos, tirando-lhes o gosto pelos seus avanços na compreensão dos problemas, não tolerando qualquer imprecisão nos termos, obrigando-os a memorizações desgastantes, etc. Como cresceria a ciência e a cultura se fôssemos mais humildes! Pois a verdadeira cultura não consiste em saber de tudo. *Non multa, sed multum*, diziam os antigos não saber de muitas matérias, mas muito de alguma.

No entanto, se convém especializar-nos, também é importante a chamada «cultura geral», que nos permite compreender os problemas e os gostos dos nossos semelhantes e até contribuir com a nossa modesta opinião para o bem comum, para a mútua compreensão e para o nosso próprio desenvolvimento. Não se trata de saber muitas coisas, mas de «interessar-nos» por muitos âmbitos da ciência e das artes que fazem parte da vida social.

Culto não é quem «sabe tudo»; esse costuma ser apenas um grande maçante. Culto é quem se interessa, sem jactância, por muitas coisas que interessam aos outros e está aberto a novidades – com alguma verosimilhança, é claro –, reconhecendo a autoridade de quem está mais informado do que ele.

Uma das formas de soberba é o espírito de contradição: ainda antes de alguém terminar o parágrafo, já estamos a imaginar uma objeção ao que nos diz! Pelo menos deixemo-lo explicar-se! Outra é a falsa obrigação de manifestar logo o nosso parecer sobre qualquer assunto que surja na conversa. É natural que algumas vezes formulemos a nossa opinião quanto ao que nos dizem, mas a rapidez e a fogosidade com que a expomos é sempre suspeita. E também o contrário: ocultar o que pensamos e consideramos útil por medo a ser contraditos seria sinal de que preferimos a aquiescência à verdade – ou ao que assim nos parece. Só queremos evitar discussões? Fazemos bem: «Da discussão não costuma sair a luz, porque é apagada pela paixão»[1]. Mas, para não discutir, basta que um dos dois não queira. Basta que digamos o que nos parece bem e não teimemos. A discussão só acontece quando começamos a repetir argumentos. Enquanto

---

(1) *Idem, ibidem*, n. 25.

apresentamos novas razões para o que afirmamos, não estamos a discutir; logo que nos repetimos, sim.

Humildade não significa «ceder», mas respeitar o parecer alheio, ainda que errado, e calar-nos quando verificamos que os nossos argumentos não foram aceitos, mesmo ao preço de nos considerarem «vencidos». Não temos obrigação de convencer ninguém.

11. Na arte

E da arte, que diremos? Que essa bênção de Deus, essa elevação do homem à contemplação dos mistérios e harmonias do mundo, também pode ser ferida pela soberba e entranhar o culto do próprio artista em vez do saudável e grato assombro perante a beleza inesgotável da Criação e a inefável perfeição do Criador.

Mas não é fácil distinguir uma coisa da outra, dado que a «marca pessoal» das obras de arte faz parte da própria arte: faltando «personalidade», falta «novidade», deixa de haver enriquecimento cultural. A mera imitação, porém, terá algum valor, na medida em que explora uma perspectiva, uma visão interessante, de um artista original; e assim se justificam as chamadas «escolas» ou estilos, utilizados por artistas «menores», com proveito geral. Quantas belas peças artísticas recebemos de tantos humildes artesãos que nunca pretenderam ser originais!

Seja como for, qualquer obra de arte contém uma mensagem, e essa é que pode ser positiva ou negativa, o que também não é fácil discernir, mas em muitos casos se torna patente: ninguém negará o valor de uma *Pastoral*, de uma *Divina comédia*, de uma Capela Sistina, de uma Nefertiti, e ninguém louvará – ninguém deveria fazê-lo – obras pornográficas, deprimentes, niilistas, blasfemas, odientas, inclusive de «grandes autores».

Bem sabemos que essa deturpação da verdadeira arte surge possivelmente como recurso de sobrevivência do artista em situação de pobreza material ou falta de inspiração, mas também pode ter a sua origem na ambição de popularidade, que hoje se alimenta sobretudo do escândalo, em concorrência desenfreada. O pior é que o efeito deletério dessas obras se prolonga pelas gerações afora, e de nada lhe vale o arrependimento dos autores. Quantos tristes casos se registram!

Pelo contrário, o caminho da humildade é o mais fecundo: o artista despreocupado da sua própria pessoa tem a alma livre para contemplar a seu modo o mundo que o rodeia, sem o esvaziar das suas sombras dramáticas, mas também sem ocultar as suas luzes de amor e esperança. Ser artista é ver tudo de novo, «pela primeira vez», como ainda ninguém viu. Não por vaidade, mas por amor ao próximo, ao seu enriquecimento cultural, sem pretender «esgotar» o que «vê» e transmite.

Há uma tentação frequente: a de fazer da arte um mero instrumento político, ainda que com as melhores intenções. É legítimo ao artista, sem dúvida, e também inspirador, «cantar» os seus ideais e os seus amores, o que pode assumir um cunho de luta e contestação; mas, quando o seu fruto artístico sabe apenas a amargura e pessimismo, a um juízo de condenação sem esperança ou a um vazio ceticismo, a obra de arte reduz-se a uma explosão de mau gênio e o artista, a um implacável juiz do seu semelhante. Ou, então, à perda do sentido transcendente da vida.

Todos sabemos como é mais fácil «cantar» a tristeza do que a alegria, as lágrimas do que os sorrisos, os dramas do que as comédias. Sem dúvida, a dor e a morte possuem uma «dignidade» ou «profundidade» que aparentemente falta à sequência corriqueira da vida comum. No entanto, por um lado, a vida humana não é só «profundidade»: também é «superfície», como dizia Pio XII em defesa do «cinema ligeiro». Por outro, a sua «superficialidade» não lhe retira grandeza. «Superficial» e «corriqueira», aparentemente, foi a vida de Cristo em Nazaré, e nem por isso perdeu o seu infinito valor de Redenção. E quanta sabedoria encontramos em tantas quadras e ditados populares, em ingênuas representações religiosas, em cantigas e jogos infantis! De autores desconhecidos, ignorados – humildes.

A ideia de que o grande artista é um «grande homem» é muito ingênua: basta ler as biografias de tantos deles – assim como de muitos outros «grandes homens» – para verificarmos que nem todos são exemplares ou sequer «normais», embora os biógrafos tendam a justificar tudo o que fizeram e até a exaltarem as suas piores atitudes. Nem por isso deixam de ser «grandes» pelas suas criações e pela influência que exerceram, mas eles próprios devem distinguir a grandeza artística da grandeza moral, a que todos somos chamados. «Grandes homens» são só os santos, cujas vidas, mesmo não sendo artistas, acabam por ser autênticas «obras de arte».

12. Na comunicação social

Sendo o homem um «ser social», precisa estar informado e informar o que seja útil aos outros. A comunicação faz parte integrante da natureza humana. Mas chama-se «comunicação social» ou «mídia» ao serviço especializado e profissionalizado dos acontecimentos da atualidade e de alguma importância para a maioria das pessoas.

A mídia acaba por ser também um palco de inúmeros figurantes, palco que uns pisam porque é o seu ofício, outros porque o querem dominar, outros porque a eles são chamados e muitos mais que o receiam, pela simples razão de que «mais vale andar no mar alto do que nas bocas do mundo»[1]. De fato, a mídia pode tornar-se facilmente (esse é o perigo) uma espécie de mundo paralelo ao mundo real, uma espécie de espelho caleidoscópico, ainda mais versátil e fluido do que a realidade, mas com tal poder de sugestão que, ao mesmo tempo que a revelam, a podem modificar. E esse mundo midiático, em que a vaidade e a irresponsabilidade pesam tanto como na «vida real», também a humildade o deve purificar.

Não pensemos apenas nos jornalistas; pensemos em todos nós, quando somos alvo da sua atenção. Seria longo dar exemplos. Recordo agora uma «enquete de rua» organizada por brincadeira no aniversário de um estudante, que de futebol pouco sabia. Alguns colegas resolveram entrevistar quem passava na rua sobre a vantagem ou desvantagem do seu suposto «contrato» como atacante do Benfica. E poucos dos passantes hesitaram: sim, pare-

---

[1] Trecho de provérbio tradicional português, que em sua totalidade se lê: «Ó mar alto, ó mar alto, ó mar alto sem ter fundo; mais vale andar no mar alto do que nas bocas do mundo» (N. E.).

cia-lhes uma boa escolha; talvez atacante não fosse a melhor posição, mas alguma experiência tinha; sim, sem dúvida, era o mais indicado... Sem comentários.

Experimentem perguntar a qualquer pessoa o que pensa dos golfinhos e logo ouvirão que é uma espécie em extinção, que o Estado devia cuidar deles, que sem biodiversidade este mundo está em perigo. E até pode ser verdade, mas a firmeza da resposta geralmente não corresponde a nenhuma convicção fundamentada: trata-se tão somente da repetição do «politicamente correto». Vaidade. Receio de parecer mal informado.

Daí que muitas opiniões nem sequer opiniões se devam considerar, por falta de um mínimo de conhecimento e de reflexão. Alguém afirmava que «antes» a democracia era o respeito pela opinião da maioria (e oxalá fossem autênticas opiniões!); depois passou a ser a procura da opinião das minorias (para alcançar mais votos); e, hoje, é a democracia das sondagens, variando os governos de direção ao sabor das setinhas do «gosto» e «não gosto», ao modo do Facebook.

O jornalista honesto sabe distinguir o que se diz do que se pensa e do que é verdade. Ninguém pode exigir do profissional da informação que esgote cada assunto fugidio da vida social, mas ele próprio há de exigir de si mesmo o rigor possível da notícia ou declaração, sem ceder ao mero sensacionalismo simplesmente porque «se vende mais».

O jornalista honesto tem gosto em retificar o que de impreciso ou falso transmitiu, com o direito de justificar o erro cometido se de fato não lhe faltou prudência na investigação do que publicou. Além disso, deve ter em conta que a sua posição profissional é por natureza agressiva e que a sua simples investigação é preocupante para os interpelados, por mais limpa que tenham a consciência. Não estranhem essa atitude de defesa, nem a julguem que revela sempre medo à verdade.

O susto que deu certo rapaz a um honesto trabalhador das docas por uma irresponsabilidade juvenil! Passeando por Alcântara com um colega da universidade, cresceu nele a curiosidade de ver mais de perto um incêndio que se deflagrara num dos armazéns, e, como tinha carteira de jornalista, usou-a para entrar na zona do fogo. Para justificar a sua presença, puxou uma caderneta e entrevistou o primeiro homem que vinha de lá correndo: «Como começou isto?».

Ainda hoje lhe dói o alarme e a aflição no rosto daquele trabalhador: «Não fui eu! Não fiz nada!». Estava transido de medo! O jovem universitário, sem querer, tinha-lhe apontado uma arma ao peito: o cartão de jornalista! Nunca mais! Jornalista, sim, mas sempre com a consciência de levar consigo uma pistola carregada.

A legítima procura de notícias interessantes não exige que se torne interessante o noticiador: pelo contrário, a objetividade jornalística pressupõe desprender-se dos seus gostos e antipatias pessoais, colocar-se na posição das pessoas envolvidas e tentar compreender, a sério e de fato, as circunstâncias e o processo interior que as leva a atuar deste ou daquele jeito.

13. Na vida social

Entre a família e o mundo em geral há uma série de círculos ou âmbitos de convivência mais ou menos íntima, desde os amigos que habitualmente se reúnem em casa ou no café até os encontros esporádicos de pessoas relacionadas por qualquer motivo – profissional, artístico, festivo, etc. Em todas as circunstâncias, a humildade é benéfica: estreita amizades, torna grato o convívio, dá ocasião à ajuda mútua, oferece um remanso de paz no meio das labutas diárias...

Abrindo o Evangelho, assistimos ao exemplo de Nosso Senhor, que conversa amavelmente em casa dos seus amigos de Betânia, se faz presente numas bodas em Caná, convive alegremente com os colegas de Mateus, aceita o jantar em casa de um fariseu, convida-se a si mesmo, com surpreendente simpatia, a cear em casa de Zaqueu... Delicado, atento, compreensivo, aquece com as suas palavras o coração dos amigos, resolve até um problema prático nas bodas a que O convidaram, passa por alto palavras e atitudes grosseiras deste ou daquele, entretém as crianças que vão ter com Ele, etc.

Aprendemos dEle a simplicidade no trato e a constante intenção de tornar mais feliz quem nos cerca, repudiando o fátuo anseio de «fazer um figurão». Servir sempre; não «mostrar-se».

Distingamos, porém: por que não apresentar-nos vestidos com elegância, dispostos a divertir os outros ou entretê-los com graça, usando do nosso espírito, da nossa experiência, dos nossos talentos? Muito bem. Mas o ar de artificial «naturalidade» com que aproveitamos a primeira ocasião para falar de nossas longas viagens, dos luxos de que gozamos, das importantes personalidades com quem encontramos, dos nossos últimos êxitos profissionais... Para quê? Para desapertar à noite o colarinho com um sorriso abstrato e esparramar-nos num sofá a gozar das consequências?

Nesse clima artificioso, a que o álcool costuma emprestar uma impressão de realidade, é difícil evitar o exagero, a mentira, o blefe. A imaginação torna-se criativa, como na adolescência, e faz-nos perder o sentido do ridículo:

— Então este ano não foram a Londres?

— Não, este ano não fomos a Paris. No ano passado é que não fomos a Londres!

É na vida de sociedade que mais se tende a cultivar essa flor de plástico que se chama «a nossa imagem», mas nem por isso havemos de tornar-nos misantropos. A convivência amena com parentes, amigos ou recém-conhecidos é muito importante para o nosso próprio desenvolvimento humano e cristão. Quanto bem podemos fazer e quanto podemos aprender! Até as «boas maneiras», que são delicados frutos da caridade. A frivolidade, a discussão e os juízos críticos é que a podem estragar.

14. Na vida política

Somerset Maugham, no seu *Exame de consciência*, confessava que as pessoas menos interessantes para os seus contos eram os políticos. A experiência dizia-lhe que, em comparação com a gente comum, pareciam bonecos de papel: tinham construído a sua imagem pública e nunca retiravam a máscara. Eram personagens perfeitamente previsíveis, lógicas, imutáveis. Enquanto o homem vulgar é surpreendente e muitas vezes contraditório, o político não: já se sabe como reagirá e como responderá a quem o interpele. Parecia-lhe um autômato.

Era injusto. A política é uma tarefa nobre, imprescindível, mas roda tanto à volta da imagem pessoal que o menor engano é «a morte do artista». O mínimo deslize pode ser o fim de uma carreira útil. Os políticos estão «obrigados» a ser orgulhosos. Ninguém lhes tolera a humildade: rever atitudes, retificar opiniões, pedir desculpa, manifestar o desconhecimento de algum problema – tudo isso constituiria uma espécie de suicídio público. Por isso se compreende facilmente a «vaidade» dos políticos! E como podemos interpretá-la erradamente!

Por outro lado, quando governam mesmo, e com sentido de responsabilidade, os problemas insolúveis são tais e tantos, e as críticas são tão aceradas, que lhes será necessária uma humildade heroica para resistir ao peso esmagador do seu ofício, e o mais fácil e perigoso recurso psicológico para não cair em depressões é o de fazer da sua vida um jogo, um jogo de poder, em que o blefe se torna arma indispensável. Péssimo remédio!

Não haverá então nada a fazer? Claro que sim: habituar-se a ser criticado e extrair das críticas as lições que contêm. Porque sempre há alguma pepita de ouro nas pedras que nos lançam: defender-me-ei da pedrada, mas guardarei a pepita. O político sério sabe perfeitamente que nunca há soluções perfeitas, ideais, para os problemas da autarquia ou do país. Sabe também que a crítica o ajuda mais do que o louvor. Procure dialogar, ouvir com serenidade os adversários, partindo do princípio de que desejam igualmente o bem comum e que, do seu ponto de vista, embora errôneo, são capazes de captar aspectos que escapam a ele. O diálogo não serve apenas para amenizar as lutas partidárias; serve mesmo para encontrar melhores soluções.

De resto, nenhum político deve ser tão ingênuo que suponha ter na mão os destinos sociais. Ele é tão somente mais um trabalhador do seu país. Quem faz e desfaz a sociedade somos todos nós. Primeiro está a vida, estão os costumes. A lei pouco pode fazer para elevar as nações; se os costumes são baixos, as melhores leis serão mal interpretadas e mal aplicadas; se forem bons, as piores cairão em desuso ou serão felizmente esquecidas.

Sem humildade, perde-se o sentido da realidade e conserva-se no *wishful thinking*, feliz expressão inglesa para a tendência que temos de ver as coisas ao nosso gosto, e não como elas são. Nada pior para o político, se constrói a casa sobre areia.

15. Na vida internacional

Na vida internacional? Que tem a humildade com isso? Muito e de muitas maneiras. Basta lembrar-nos da última Guerra Mundial: o orgulho racial e nacionalista não foram a causa dessa catástrofe?

Há vaidade pessoal e vaidade familiar, clubista, regional, nacional... Enfim, soberba individual e soberba coletiva, bem como o seu contrário: humildade pessoal e humildade coletiva.

Se nos parece que o orgulho nacional é um dever, temos razão, desde que saibamos distinguir o bom orgulho, nascido do legítimo e obrigatório amor à pátria, do mau orgulho, que nasce do insensato espírito de superioridade de um povo ou de uma raça relativamente aos outros. Não há povos superiores nem inferiores quanto à sua dignidade. São como as pessoas: podem umas ter talentos que outras não possuem, mas todas são importantes, dignas do maior respeito, e cada uma dotada de qualidades superiores às demais.

Devemos ser patriotas por dever de justiça para com a sociedade que nos criou, assim como, entre todas as famílias, amaremos primeiro a nossa. E nesse sentido podemos dizer que a nossa família e a nossa pátria são as melhores do mundo – para nós.

São Josemaria fazia às vezes uma pergunta de certo modo incômoda: se pudesses escolher os teus pais, quem escolherias? Pergunta incômoda, pois quase nos repugna: quem havíamos de escolher, senão os que tivemos? Ora, se os nossos pais fossem outros, nós também seríamos outros; não seríamos nós. E, se o nosso país fosse outro, nós seríamos outros. A família, a terra e a nação fazem parte da nossa própria identidade, e foram elas que nos criaram; como não amá-las em primeiro lugar e não lhes ser gratos?

Mas essas mesmas razões se aplicam ao mundo inteiro, pois de todos os países e raças recebemos muito; tampouco a nossa pátria existiria sem eles. E se nos atacam? Defendemo-nos, é claro, tal como nos pode acontecer num assalto de rua. Não se trata de menosprezo, soberba, rivalidade, preconceito ou raiva para com ninguém, mas, pura e simplesmente, de legítima defesa. E depois há de vir o perdão e o esquecimento de erros passados – a que São João Paulo II chamava «purificação da memória»[1] –, o reatar de amizades e a colaboração. Para defender os direitos nacionais não é preciso forjar antipatias, fomentar desejos de vingança ou de humilhação de qualquer outro povo. Como acontece com irmãos desavindos, a única solução dos conflitos consiste em recuperar a confiança mútua e servir-nos de novo uns aos outros.

Daí que os políticos responsáveis hão de ter consciência de que o país que governam deve servir as outras nações e os cidadãos, cons-

---

(1) São João Paulo II, Bula pontifícia *Incarnationis mysterium*, n. 11.

ciência de que parte dos impostos se destinam a ajudar países mais necessitados.

O mau orgulho nacional – a que a Doutrina Social da Igreja dá o nome de «nacionalismo» – é um pecado que, além de prejudicar a harmonia internacional, empobrece o próprio país, uma vez que o fecha a tantos valores positivos do «estrangeiro». «Ser "católico" é amar a Pátria, sem a ninguém deixar que nos exceda nesse amor, e, ao mesmo tempo, ter por meus os ideais nobres de todos os países. Quantas glórias da França são glórias minhas! E igualmente muitos motivos de orgulho de alemães, de italianos, de ingleses..., de americanos e asiáticos e africanos, são também orgulho meu. – Católico!... Coração grande, espírito aberto»[2].

---

(2) São Josemaria Escrivá, *Caminho*, n. 525.

16. Na vida interior

Tudo o que está dito antes se refere à vida interior, dado que se refere ao que se passa no nosso «coração». Todavia, seria conveniente pensarmos no papel da humildade na própria «luta» interior, no trabalho íntimo de vencer os nossos defeitos e melhorar em todas as virtudes, incluindo a humildade, porque é preciso sermos humildes até no esforço por sê-lo.

Não é uma luta fácil. Ora vencemos, ora somos vencidos, e a humilhação provocada pelos nossos fracassos tende a amargurar-nos. E devemos reagir positivamente, com paciência, bom humor, contrição, arrependimento sincero, novo ânimo e nova fé, jamais desanimando, com falsa humildade. «Não presto para nada!» é, afinal, só orgulho e preguiça. Orgulho, porque não queremos olhar de frente para as nossas culpas, assumir autêntica responsabilidade e pedir perdão ao Senhor. Preguiça, porque, com esse pretexto, sentimo-nos no direito de deixar de esforçar-nos. Em vez de recomeçar a portar-nos bem após cada falta, desculpamo-nos com «a nossa maneira de ser», com as dificuldades do «ambiente» ou com «esta fase pela qual estou passando»...

O psicólogo Viktor Frankl responde muito bem a estas nossas artimanhas quando rebate os «psicologistas», como ele chama a Freud, Adler, Jung e outros. Cada um elaborou a sua teoria (com algum merecimento) sobre o comportamento humano, mas todas elas coincidem num princípio: o homem julga que é livre, mas não é. O homem seria, afinal, um feixe de impulsos inconscientes que o levam a atuar deste ou daquele modo; não há nenhum ato totalmente livre, autêntico, autônomo no ser humano. E responde Frankl: apliquemos as suas teorias; se afirmam tal coisa, não será por algum impulso inconsciente? Ora bem: qual será o tal impulso inconsciente? Aquele em que todas coincidem: o medo e a fuga da responsabilidade pessoal!

É, de fato, o que acontece a muitos, que, para fugirem do arrependimento e da confissão contrita, vão ao psiquiatra para se convencerem de que a culpa que sentem não passa de um «complexo» e, em lugar de um bom conselho sacerdotal que os ajude a libertar-se dos defeitos e do perdão divino que os liberte do pecado, preferem qualquer teoria confusa que os liberte... da liberdade! Ou então inventamos eufemismos que justifiquem os erros que cometemos: à cólera chamamos «justa indignação»; à murmuração, «crítica positiva»; à sensualidade, «afetividade integrada»; aos furtos, «merecida compensação»; à falta de fé, «realismo», à má-criação, «sinceridade», etc.

Chegamos a considerar vergonhoso pedir desculpa seja a quem for, mesmo a Deus! Pobres de nós, que talvez procedamos assim por medo da sua justiça, sem nos lembrarmos da sua infinita Misericórdia! Sem repararmos que a própria «ira divina» quer dizer que Deus nos ama imensamente, que se importa, que se sente magoado, como verdadeiro Pai que é, com o que faz uma criatura «insignificante» (aos nossos próprios olhos).

Que maravilhoso sacramento o da Confissão, e como a recomenda Nosso Senhor na parábola do filho pródigo! O perdão do Pai é muito mais que perdão: é uma festa! Nunca tenhamos receio da sua justiça, porque Ele sempre olha para nós com infinita compreensão e afeto; não como criaturas indignas, mas como ovelhas descaminhadas, como filhos enfraquecidos, como doentes necessitados de médico, do Médico divino. Se instituiu o Sacramento da Penitência, não foi para nos humilhar, mas para nos dar a certeza absoluta do seu perdão, o que não teríamos se fizéssemos somente uma confissão interior. E, para a facilitar, desabafando com um irmão nosso, com idênticas fraquezas, que nunca se escandalizará com as nossas misérias. Irmão, este, que também é pai que nos conforta, médico que nos explica as raízes dos nossos pecados e nos «receita» os tratamentos adequados, bem como pastor que nos guia pelo caminho da santidade, pois Nosso Senhor nunca desistirá de salvar e santificar aqueles – e são todos – por quem morreu na Cruz.

«Tu – pensas – tens muita personalidade: os teus estudos (teus trabalhos de pesquisa, tuas publicações), a tua posição social (teus antepassados), as tuas atuações políticas (os cargos que ocupas), o teu patrimônio..., a tua idade – não és mais uma criança!... Precisamente por tudo isso necessitas, mais do que outros, de um Diretor para a tua alma»[1].

Trata-se do chamado «diretor espiritual». «Se não te lembrarias de construir sem arquiteto uma boa casa para viveres na terra, como queres levantar sem Diretor o edifício da tua santificação, para viveres eternamente no Céu?»[2].

«Mas eu não preciso de conselhos de ninguém, nem admito que alguém mande em mim!». Enganas-te redondamente; não reparas que todos temos «direção espiritual», boa e má? Quando ouves as críticas ou os conselhos dos que te rodeiam, quando confrontas as tuas opiniões com os amigos e defendes as tuas atitudes, quando lês um livro ou um jornal, quando assistes a um filme, o que procuras senão esclarecer os teus critérios, confirmar as tuas opções, orientar-te na vida?

---

(1) *Idem, ibidem*, n. 63.
(2) *Idem, ibidem*, n. 60.

Ninguém manda em ti, mas toda a gente te influencia e de todos recebes mensagens morais (ou imorais). Ninguém manda em ti, mas, se és sensato, procuras seguir os conselhos de quem te merece mais confiança em cada matéria. E, no campo moral e espiritual, é lógico dirigir-te a um sacerdote – que não manda em ti, por uma razão simplicíssima: porque o escolhes tu, sem compromissos. Podes mudar de «diretor espiritual» quando quiseres, assim como de médico, advogado ou engenheiro. Mas, se passas a vida a mudar de médico, será que precisas de mais um?

Sim, um «diretor» que te conheça bem, não só quanto à tua intimidade com Deus, mas também no aspecto apostólico, dado que não há santidade egoísta, fechada, isolada. Deus é «Pai nosso», e Nosso Senhor enviou-nos a comunicar a Boa-nova ao mundo inteiro. Sendo filhos de Deus, como poderíamos desinteressar-nos da felicidade eterna dos nossos irmãos? Todos somos responsáveis, de algum modo, pela sua salvação.

17. No apostolado

Ora, sem humildade, é evidente, também não há apostolado, pois a soberba não nos deixa pensar senão em nós mesmos, o orgulho dá origem a muitas antipatias e a vaidade torna-nos tão superficiais que as próprias relações de amizade, com frequência, não passam de entretenimento. O receio de desagradar impede-nos de ir ao fundo dos corações, de conversar sobre as questões mais importantes da vida; o prurido de ter sempre razão converte as conversas em discussão; e a convicção da nossa superioridade faz-nos pensar que os outros não conseguirão atingir o nosso nível doutrinal e espiritual.

Estaremos a exagerar, mas os chamados «respeitos humanos» procedem de alguma destas causas e têm sido razão de muita paralisia apostólica: o receio de incompreensão, o medo de molestar a tranquilidade burguesa dos amigos e o pânico de que nos chamem de beatos, fanáticos ou simplesmente maçadores encolhem-nos perante a ignorância religiosa de uns e o suposto desinteresse de outros; assim, chegamos a evitar falar com naturalidade da nossa vida religiosa aos próprios amigos.

Se à mesa do café tantos chegam a alardear os seus desmandos, tem algum sentido mostrar-nos como os cristãos que somos e queremos ser? Essa timidez, que é falta de sinceridade, é perigosa: *Aquele, porém, que me negar diante dos homens*, avisou o Senhor, *também eu o negarei diante de meu Pai que está nos céus* (Mt 10, 33).

Talvez desculpemos o nosso silêncio em matérias de fé ou moral com o pretexto de que preferimos o «apostolado do exemplo». Esquecemo-nos de que Nosso Senhor, além do seu exemplo admirável, deu doutrina e mandou dá-la aos Apóstolos e a todos nós: *Ide por todo o mundo e pregai o Evangelho a toda criatura* (Mc 16, 15). *A fé provém da prega-*

ção, lembra São Paulo aos primeiros (Rm 10, 17). Fazer apostolado não consiste em levar os outros a ser nossos admiradores, mas em fazê-los seguidores de Cristo.

Quando pretendemos reduzir o apostolado ao nosso exemplo, coitados, que admiração esperamos? Estamos cheios de defeitos e caímos – pelo menos em pequenas coisas – tantas vezes! E a santidade autêntica não se pode plagiar; não passaria então de hipocrisia. É verdade que devemos e podemos dar bom exemplo, mas o bom exemplo que podemos dar não é o da perfeição, mas o da luta, do esforço constante por aperfeiçoar-nos, sem receio de que nos conheçam como somos: «Repara: os apóstolos, com todas as suas misérias patentes e inegáveis, eram sinceros, simples..., transparentes. Tu também tens misérias patentes e inegáveis. – Oxalá não te falte simplicidade»[1].

Com as nossas virtudes e defeitos, somos todos chamados por Cristo a levar a fé aos que não a têm e ensinar a pô-la em prática

---

(1) *Ibid., ibidem*, n. 932.

aos que não a vivem. Não digamos que não temos jeito para o apostolado. É como se disséssemos que não temos jeito para trabalhar ou para ser honestos. Digamos antes que não queremos ser amigos a sério dos que lidam conosco. Se somos amigos sinceros, procuramos comunicar a todos a maior riqueza da vida, que é Cristo. E, se somos humildes, não nos importaremos com o que dirão de nós nem nos preocuparemos pelo fato de não nos admirarem, desde que venham a admirar, amar e seguir a Cristo.

18. Na vida eclesial

Nos mais «santos» ambientes a soberba se pode introduzir. É ridículo e particularmente chocante assistir a rivalidades entre confrarias, paróquias, movimentos católicos, etc., mas acontece. Trata-se de uma peste, capaz de inutilizar bons trabalhos de evangelização e de santificar muitas almas.

Lendo os «Atos dos Apóstolos» e as Epístolas, e os próprios Evangelhos, verificamos que esse triste fenômeno está presente na Igreja desde o princípio. Não havemos de estranhar, portanto, que isso aconteça nos nossos dias, mas não colaboremos com os murmuradores e intriguistas. Aproveitemo-lo para purificar as nossas intenções e trabalhar só por Cristo, sem nos preocuparmos com os aplausos ou a falta deles. Pela nossa parte, evitemos tudo o que se pareça a vaidade, orgulho, rivalidade, competição na Igreja.

O critério prático mais simples é o de evitarmos comparações. Se alguém faz mais apostolado do que nós, bendito seja Deus! Todavia, quem sabe o que é mais ou menos neste campo? Só Ele conhece a realidade interior das almas, e isso é o que conta. Façamos o maior bem que pudermos, sem nos compararmos com ninguém e pedindo ao Senhor que os outros sejam mais eficientes do que nós.

A inveja espiritual ou apostólica é um grande mal. Constitui mesmo um dos «pecados contra o Espírito Santo», de que falava Jesus com tanta severidade. Foi o pecado dos fariseus e saduceus (embora não de todos), enlouquecidos de raiva pelas obras portentosas de Cristo, e que os levou ao ponto de condenarem como criminoso o nosso inocente e santíssimo Salvador.

Pois nós imitamo-los quando criticamos os que fazem algum bem só porque achamos que deviam fazer outro bem qualquer ou de outra maneira, ou simplesmente com nossa licença.

As autoridades, civis ou eclesiásticas, podem proibir-nos de fazer o mal, mas nenhuma autoridade pode proibir-nos de fazer o bem, seja ele qual for.

Criticar o que a Igreja aprova é atacar a própria Igreja, ou seja, Cristo. E, no entanto, esse é um dos perigos mais insidiosos dos fiéis praticantes, piedosos e apostólicos. O diabo bem se alegra com isso. Havemos nós de lhe dar esse gosto?

Epílogo

É costume terminar uma exposição longa com algumas palavras de conclusão. Julgo que o melhor é tirarmos o propósito de lutar sempre contra a vaidade, o orgulho, a soberba, as rivalidades, o espírito crítico, as comparações odiosas, a murmuração e a inveja.

O tempo é breve, diz o apóstolo (1 Cor 7, 29). Não o percamos, tentando ser mais que os outros. Vivamos de amor, de espírito de serviço, de humildade prática, como nos ensinou o Mestre, e encomendemo-nos à Virgem Santa Maria, tão certa de que a sua grandeza viera de Deus – *porque olhou para sua pobre serva* (Lc 1, 48) – e tão esquecida de si mesma por amor de Jesus e de nós, como verdadeira Mãe de Deus e nossa Mãe.

Bendita seja!

Direção geral
Renata Ferlin Sugai

Direção editorial
Hugo Langone

Produção editorial
Gabriela Haeitmann
Ronaldo Vasconcelos

Capa
Gabriela Haeitmann

Diagramação
Sérgio Ramalho

ESTE LIVRO ACABOU DE SE IMPRIMIR
A 04 DE ABRIL DE 2022,
EM PAPEL IVORY 75 g/m^2.

IMPRESSÃO:

Santa Maria - RS | Fone: (55) 3220.4500
www.graficapallotti.com.br